NIVEL

1

De la Oruga a la Mariposa

Laura Marsh

NATIONAL
GEOGRAPHIC

Washington, D.C.

Para Owen y Mason,
quienes están evolucionando ante mis ojos todos los días.
—L. F. M.

Diseñado por YAY! Design

Libro en rústica comercial: 978-1-4263-2484-0
Encuadernación de biblioteca reforzada: 978-1-4263-2485-7

Créditos fotográficos

NGS = National Geographic Stock; SS = Shutterstock
Tapa, Ralph A Clevenger/Photolibrary; 1, James Urbach/SuperStock; 2, FotoVeto/SS; 4 (arriba), George D. Lepp/Corbis; 4 (abajo), Christian Musat/SS; 5, Le Do/SS; 6 (izquierda), ethylalkohol/SS; 6 (derecha), fotohunter/SS; 7 (arriba, izquierda), First Light/Getty Images; 7 (abajo, izquierda), Ingram; 7 (arriba, derecha), ArtisticPhoto/SS; 7 (abajo, derecha), Jens Stolt/SS; 8 (arriba), M. Williams Woodbridge/NGS; 8 (abajo), Carolyn Pepper/National Geographic My Shot; 9 (arriba), Steve Irvine/National Geographic My Shot; 9 (abajo), Cathy Keifer/SS; 10, Darren5907/Alamy; 11 (arriba), Alex Wild/Visuals Unlimited/Corbis; 11 (arriba, al medio), Michael & Patricia Fogden/Corbis; 11 (abajo, al medio), Danita Delimont/Getty Images; 11 (abajo), Ingo Arndt/Foto Natura/Minden Pictures/NGS; 12, Papilio/Alamy; 13, Gerry Ellis/Minden Pictures/NGS; 14, Nigel Cattlin/Visuals Unlimited/Corbis; 16, Cathy Keifer/iStockphoto.com; 18, M. Williams Woodbridge/NGS; 19, M. Williams Woodbridge/NGS; 20, Awei/SS; 22 (arriba), Murugesan Anbazhagan/National Geographic My Shot; 22 (al medio), Robert Shantz/Alamy; 22 (abajo), WitR/SS; 23 (arriba), Jaime Wykle/National Geographic My Shot; 23 (al medio), James Laurie/SS; 23 (abajo), The Natural History Museum/Alamy; 24 (arriba), Christian Meyn/National Geographic My Shot; 24 (abajo), Charles Melton/Visuals Unlimited; 25, Gary Meszaros/Visuals Unlimited; 26, gracious_tiger/SS; 27, Hans Christoph Kappel/naturepl.com; 28, Gay Bumgarner/Alamy; 29, Alivepix/SS; 30 (izquierda), Robert Pickett/Corbis; 30 (derecha), April Moore/National Geographic My Shot; 31 (arriba, izquierda), TessarTheTegu/SS; 31 (abajo, izquierda), David Plummer/Alamy; 31 (arriba, derecha), Konstantnin/SS; 31 (abajo, derecha), Renant Cheng/NGS; 32 (arriba, izquierda), Christian Meyn/National Geographic My Shot; 32 (abajo, izquierda), Joe Petersburger/NGS; 32 (arriba, derecha), nodff/SS; 32 (abajo, derecha), Cathy Keifer/iStockphoto.com; borde superior en todo el libro, NuConcept/SS.

National Geographic apoya a los educadores K-12 con Recursos del ELA Common Core.
Visita natgeoed.org/commoncore para más información.

Para aprender los nombres de mariposas, orugas o polillas que
no hayan sido identificados en el libro, ver página 32.

Impreso en los Estados Unidos de América
15/WOR/1

Tabla de contenidos

Adivinanza

¿Qué empieza como huevo,

luego camina con muchas patas

y después
usa alas
para volar?

¡Una mariposa!

Mariposas hermosas

Es divertido ver a las mariposas. Dan vueltas y saltan cuando vuelan. Algunas tienen colores brillantes. Otras tienen diseños llamativos también.

Cuatro etapas

También es divertido ver cómo las mariposas cambian. Cambian mucho a lo largo de sus cortas vidas. De hecho, hay cuatro etapas en la vida de una mariposa:

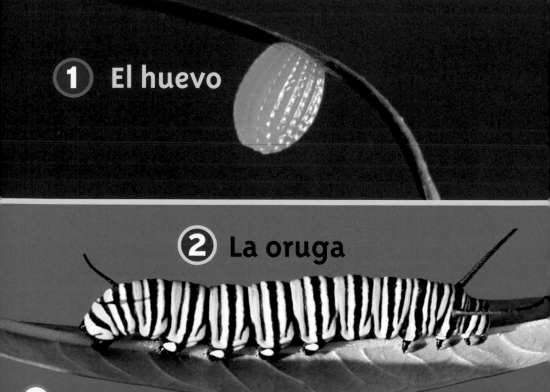

1 **El huevo**

2 **La oruga**

③ La crisálida

④ La mariposa

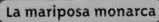
La mariposa monarca

Palabra importante

ETAPAS: Las fases de cómo algo crece

9

Etapa **1** El huevo

Una mariposa
mamá pone muchos
huevos en una hoja
o una rama. De este
modo, al nacer, las
orugas enseguida
encontrarán comida.

Los huevos de las mariposas pueden tener muchas formas diferentes.

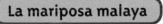
La mariposa malaya

Etapa **2** La oruga

La pequeña oruga muerde el huevo formando un agujero. Cuando sale del huevo, la oruga tiene mucha hambre.

Por lo tanto, la oruga come su cáscara. Luego, come la hoja donde está y va a otra hoja para seguir comiendo.

La oruga crece más y más.
Crece tanto que su piel
le queda chica. Es por eso
que se muda de piel como
una serpiente.

La oruga de la mariposa blanca pequeña

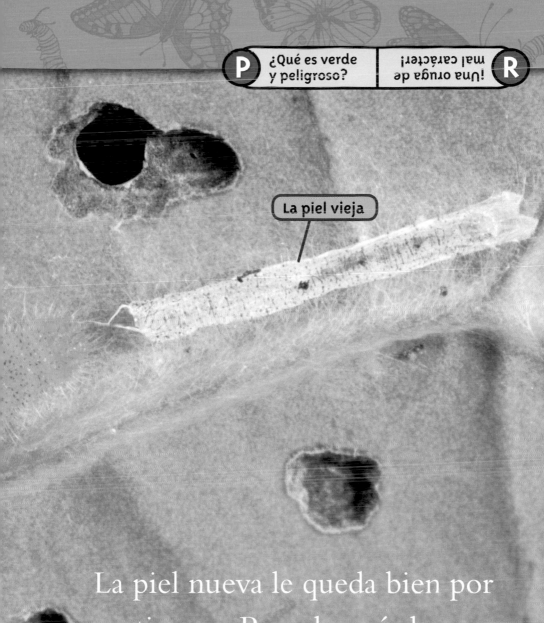

La piel vieja

La piel nueva le queda bien por un tiempo. Pero después la oruga es demasiado grande para esa piel también. Las orugas se mudan de piel cuatro o cinco veces.

La oruga de la mariposa monarca

Etapa 3 La crisálida

Ahora la oruga está lista para
descansar. Se cuelga al revés. Y
se muda de piel una vez más.

Las etapas de una oruga formando su crisálida

La capa nueva se llama una crisálida.
Es una cáscara dura. Por dentro, la
oruga sigue cambiando. Se queda
en la crisálida de diez a catorce días.

La mariposa

La crisálida se mueve. Lugeo se abre y la mariposa sale. Sus alas están mojadas y arrugadas.

La mariposa Julia

La sangre llega hasta las alas de la mariposa. Y estas se ponen más grandes y duras. Finalmente, las alas se secan. Ahora la mariposa está lista para volar.

¡Buen viaje, mariposa!

¡Hora de almorzar!

La mariposa no come plantas como las orugas porque no tiene boca.

La mariposa bebe el néctar de las flores o el jugo de las frutas. Un tubo que está ubicado en la cabeza funciona como una pajilla.

Datos interesantes sobre las mariposas

1

La mariposa más pequeña del mundo es la mariposa pigmea azul. De un ala a la otra, es tan larga como un alfiler.

2

Las alas de la mariposa están cubiertas de escamas pequeñas.

3

Las mariposas se encuentran en todo el mundo, excepto en la Antártida y en los desiertos más secos.

4

Existen aproximadamente 17.000 tipos de mariposas en el mundo.

5

¡Las mariposas saborean con los pies! Allí se encuentran sus sensores del gusto.

6

La mariposa más grande del mundo es la mariposa ala de pájaro de la Reina Alejandra. De un ala a la otra, es tan larga como una regla.

¡Fuera!

Las orugas y las mariposas son comidas muy ricas para los depredadores. Pero tienen trucos para defenderse de ellos.

Algunas se esconden usando un camuflaje.

Algunas pueden ser venenosas.

Algunas se parecen a otras cosas.

Palabras importantes

CAMUFLAJE: El color o la forma natural de un animal que le ayuda a esconderse de sus enemigos

DEPREDADOR: Un animal que come a otros animales

¿Polilla o mariposa?

La mariposa

antenas finitas con pequeños puntos al final

cuerpo delgado

puede tener colores brillantes

generalmente vuela durante el día

Las polillas y las mariposas se parecen.
Aquí está cómo diferenciarlas.

La polilla

antenas finitas
que parecen
plumas

cuerpo gordo y
peludo

normalmente
marrón, beige
o blanca

generalmente vuela
durante la noche

Cómo atraer mariposas

Puedes atraer mariposas al patio de tu casa. ¡Haz un jardín de mariposas! Pero primero, pide ayuda a un adulto.

La mariposa macaón

Lo que vas a necesitar:

✓ plantas que sean nativas de tu zona

✓ plantas que florezcan en diferentes épocas

✓ flores de color naranja, violeta, amarillo, rosado y rojo

✓ flores agrupadas juntas

✓ flores con pétalos planos

✓ un lugar soleado donde las mariposas puedan descansar, como una piedra plana

✓ un lugar húmedo o con agua para que las mariposas beban

✓ ningún químico (pueden matar a las mariposas y a las orugas)

¿Qué son estos?

Estas imágenes muestran de cerca cosas sobre las mariposas. Usa las pistas para descubrir qué representa cada imagen. Las respuestas se encuentran en la página 31.

PISTA: Una oruga empieza aquí.

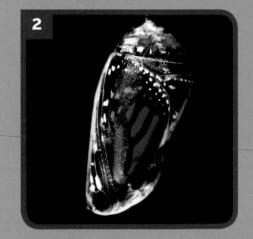

PISTA: Grandes cambios se realizan adentro de éste.

CUADRO DE PALABRAS

la oruga   el ala de una mariposa   la crisálida   el huevo
las antenas   el camuflaje

3

PISTA: ¡Come todo el día!

4

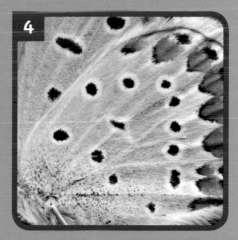

PISTA: Está cubierta de escamas.

5

PISTA: Usa éstos para esconderse de sus depredadores.

6

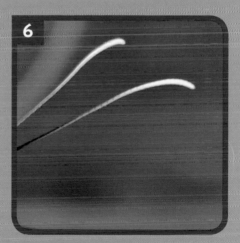

PISTA: ¡Éstas no las vas a encontrar en tu cabeza!

CAMUFLAJE: El color o la forma natural de un animal que le ayuda a esconderse de sus enemigos

NÉCTAR: Un líquido azucarado que se encuentra en las flores

DEPREDADOR: Un animal que come a otros animales

ETAPAS: Las fases de cómo algo crece

Nombres adicionales de especies de mariposas: Página 6, Izquierda a derecha: Mariposa morfo azul, Macaón Africano azul; Página 7, Arriba a abajo: Mariposa prola panacea, Mariposa bog copper, Mariposa macaón, Mariposa apolo; Página 12, Oruga de la Mariposa col blanca; Página 13, Oruga de la Mariposa longwing carmesí; Página 24, Arriba a abajo: Mariposa cracker, Oruga de macaón pipevine; Página 25, Oruga de macaón spicebush; Página 26, Mariposa alas de pájaro Cairns; Página 27, Polilla emperador.